Impressum
Verlag: BABADADA GmbH, Nedderfeld 112 , 22529 Hamburg
Geschäftsführer / Verlagsleitung: Harald Hof
Druck: Books on Demand GmbH, In de Tarpen 42, 22848 Norderstedt

Imprint
Publisher: BABADADA GmbH, Nedderfeld 112 , 22529 Hamburg, Germany
Managing Director / Publishing direction: Harald Hof
Print: Books on Demand GmbH, In de Tarpen 42, 22848 Norderstedt, Germany

escola

школа

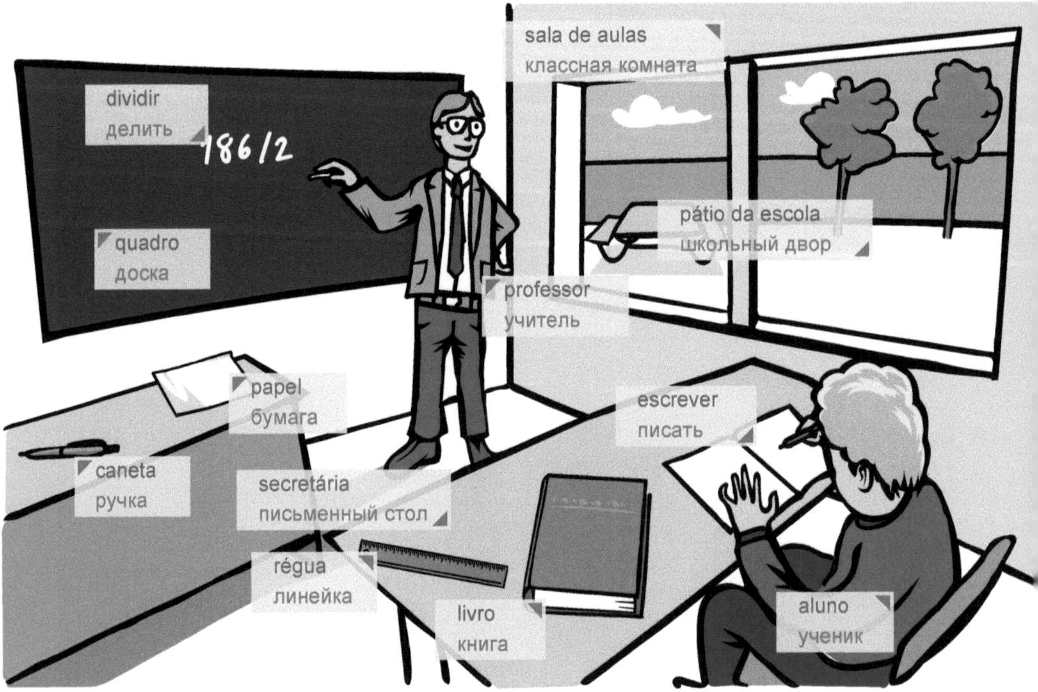
sala de aulas
классная комната
dividir
делить
186/2
quadro
доска
pátio da escola
школьный двор
professor
учитель
papel
бумага
escrever
писать
caneta
ручка
secretária
письменный стол
régua
линейка
livro
книга
aluno
ученик

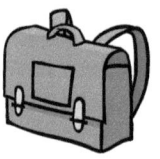

mochila

ранец

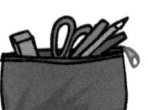

estojo de lápis

пенал

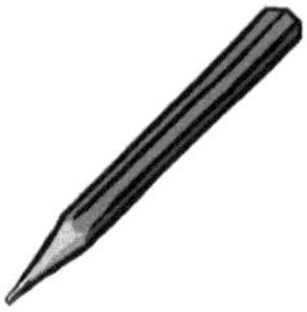

lápis

карандаш

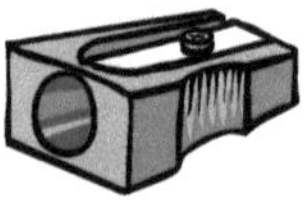

afia-lápis

точилка

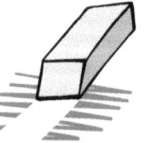

borracha

ластик

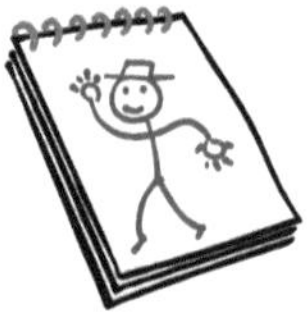

bloco de desenho

альбом для рисования

desenho

рисунок

pincel

кисточка

caixa de tintas

коробка красок

tesoura

ножницы

cola

клей

livro de exercicios

тетрадь

trabalhos de casa

домашняя работа

12

número

цифра

2+2

somar

прибавлять

5-2

subtrair

вычитать

2×2

multiplicar

умножать

calcular

считать

A

letra

буква

ABCDEFG HIJKLMN OPQRSTU VWXYZ

alfabeto

алфавит

hello

palavra

слово

texto

текст

ler

читать

giz

мел

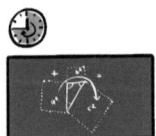

hora

урок

registo de presenças

классный журнал

exame

экзамен

certificado

диплом

uniforme escolar

школьная форма

educação

образование

enciclopédia

энциклопедия

universidade

университет

microscópio

микроскоп

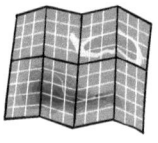

mapa

карта

cesto de lixo

корзина для бумаг

viagem
путешествие

hotel
гостиница
Grand
hostel
турбаза
ROOMS
casa de câmbio
пункт обмена валюты
CHANGE
mala
чемодан
carro
автомобиль

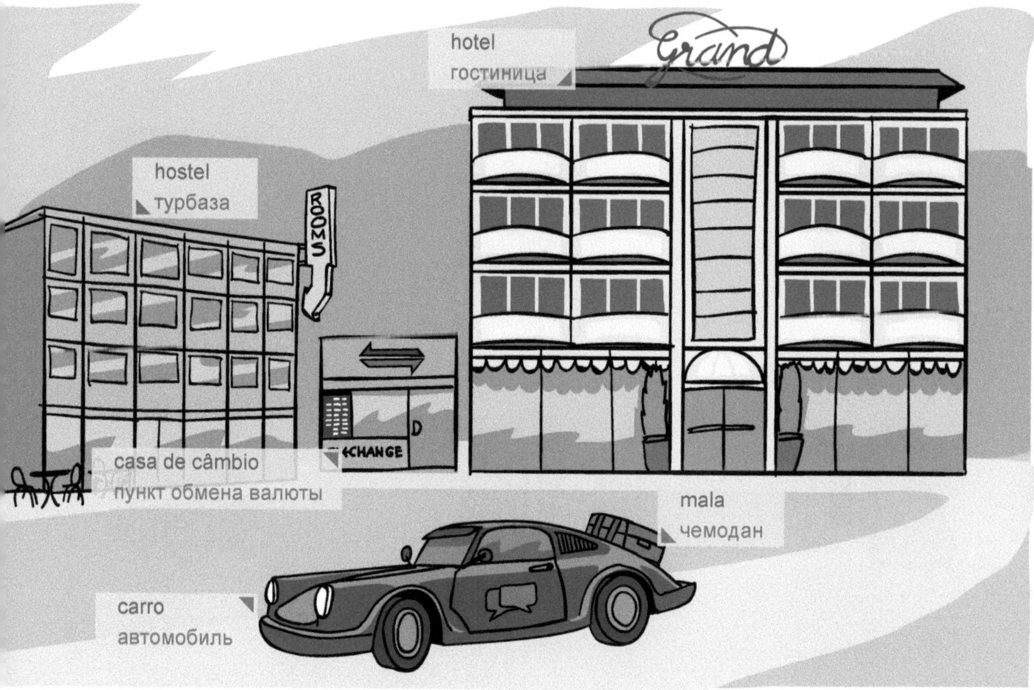

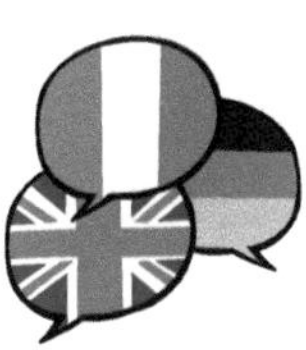

idioma

язык

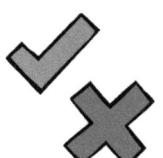

sim / não

да / нет

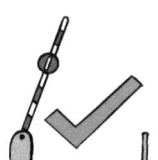

ok / certo / correto

хорошо

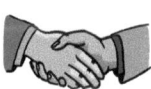

olá

Привет

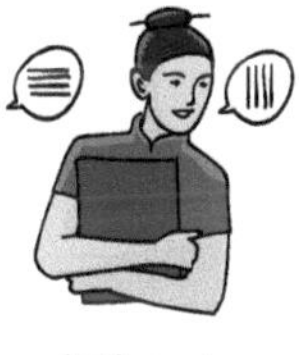

intérprete

переводчик

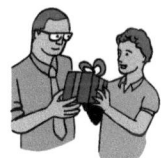

obrigado

Спасибо

quanto é que custa... ?

Сколько стоит...?

não entendo

Я не понимаю

problema

проблема

boa noite!

Добрый вечер!

Bom dia!

Доброе утро!

Boa noite!

Доброй ночи!

adeus

До свидания

direção

направление

bagagem

багаж

saco

сумка

mochila

рюкзак

convidado

гость

quarto

комната

saco-cama

спальный мешок

tenda

палатка

informação turística

туристическая информация

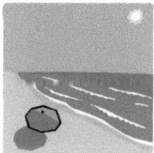

praia

пляж

cartão de crédito

кредитная карточка

pequeno-almoço

завтрак

almoço

обед

jantar

ужин

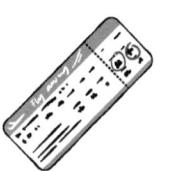

bilhete

билет

elevador

лифт

selo postal

почтовая марка

fronteira

граница

alfândega

таможня

embaixada

посольство

visto

виза

passaporte

паспорт

transporte

транспорт

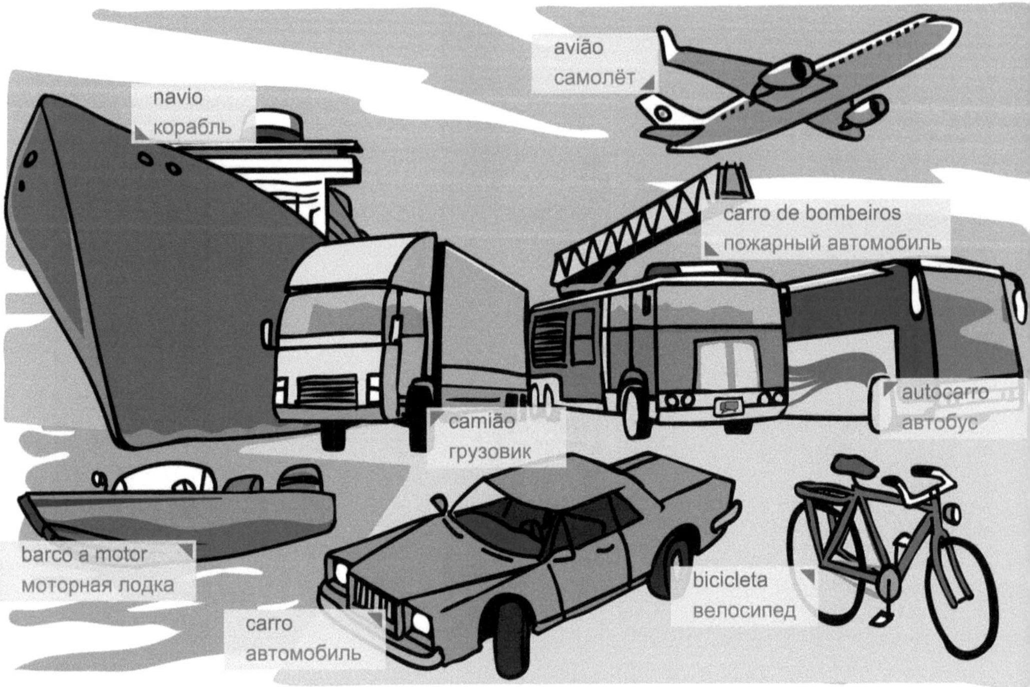

avião
самолёт
navio
корабль
carro de bombeiros
пожарный автомобиль
camião
грузовик
autocarro
автобус
barco a motor
моторная лодка
bicicleta
велосипед
carro
автомобиль

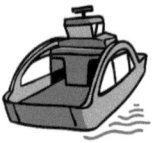

cacilheiro

паром

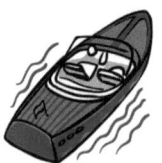

barco

лодка

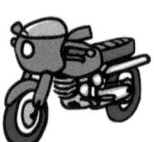

mota

мотоцикл

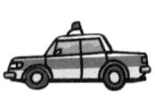

carro de polícia

полицейский автомобиль

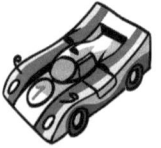

carro de corrida

гоночный автомобиль

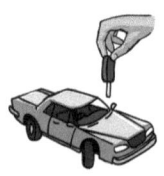

carro alugado

арендованный автомобиль

carsharing

совместное пользование
автомобилями

camião de reboque

буксировочный
автомобиль

camião do lixo

мусоровоз

motor

двигатель

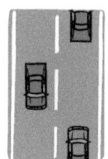

combustível

топливо

estação de serviço

заправка

sinal de trânsito

дорожный знак

trânsito

движение

congestionamento de
trânsito

пробка

parque de estacionamento

автостоянка

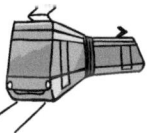

estação ferroviária

вокзал

carris

рельсы

comboio

поезд

elétrico

трамвай

carruagem

вагон

helicóptero

вертолёт

aeroporto

аэропорт

torre

вышка

passageiro

пассажир

contentor

контейнер

caixa de papelão

коробка

carrinho

тележка

cesto

корзина

levantar voo / aterrar

взлетать / приземляться

cidade

город

aldeia

деревня

centro da cidade

центр города

casa

дом

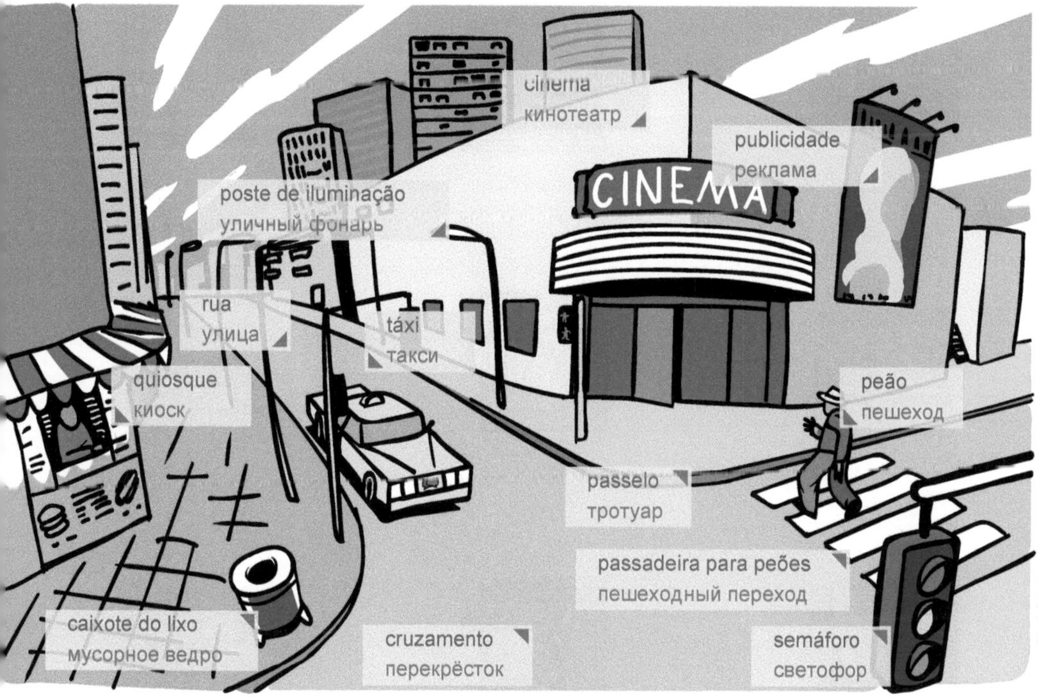

cinema
кинотеатр

publicidade
реклама

poste de iluminação
уличный фонарь

rua
улица

táxi
такси

quiosque
киоск

peão
пешеход

passeio
тротуар

passadeira para peões
пешеходный переход

caixote do lixo
мусорное ведро

cruzamento
перекрёсток

semáforo
светофор

cabana

хижина

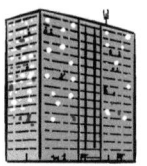

apartamento

квартира

estação ferroviária

вокзал

câmara municipal

ратуша

museu

музей

escola

школа

universidade

университет

banco

банк

hospital

больница

hotel

гостиница

farmácia

аптека

escritório

офис

livraria

книжный магазин

loja

магазин

florista

цветочный магазин

supermercado

супермаркет

mercado

рынок

loja de departamentos

универмаг

peixaria

торговец рыбой

centro comercial

торговый центр

porto

порт

parque
парк

banco
скамейка

ponte
мост

escadas
лестница

metro
метро

túnel
тоннель

paragem de autocarro
автобусная остановка

bar
бар

restaurante
ресторан

caixa de correio
почтовый ящик

sinal de trânsito
табличка с названием
улицы

parquímetro
паркометр

jardim zoológico
зоопарк

piscina
бассейн

mesquita
мечеть

cidade - город

quinta

ферма

poluição

загрязнение окружающей среды

cemitério

кладбище

igreja

церковь

parque infantil

детская площадка

templo

храм

paisagem
ландшафт

folha
лист

placa de sinalização
дорожный указатель

caminho
дорога

prado
луг

pedra
камень

árvore
дерево

caminhantes
путешественник

rio
река

relva
трава

flor
цветок

vale

допина

montanha

гора

lago

озеро

floresta

лес

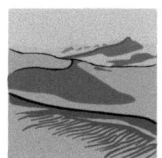

deserto

пустыня

vulcão

вулкан

castelo

замок

arco-íris

радуга

cogumelo

гриб

palma

пальма

mosquito

комар

mosca

муха

formiga

муравей

abelha

пчела

aranha

паук

besouro

жук

sapo

лягушка

esquilo

белка

ouriço

еж

lebre

заяц

coruja

сова

pássaro

птица

cisne

лебедь

javali

кабан

veado

олень

alce

лось

barragem

плотина

turbina eólica

ветряной генератор

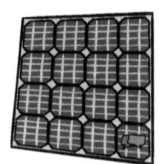

painel solar

солнечная батарея

clima

климат

restaurante
ресторан

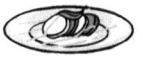

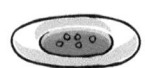

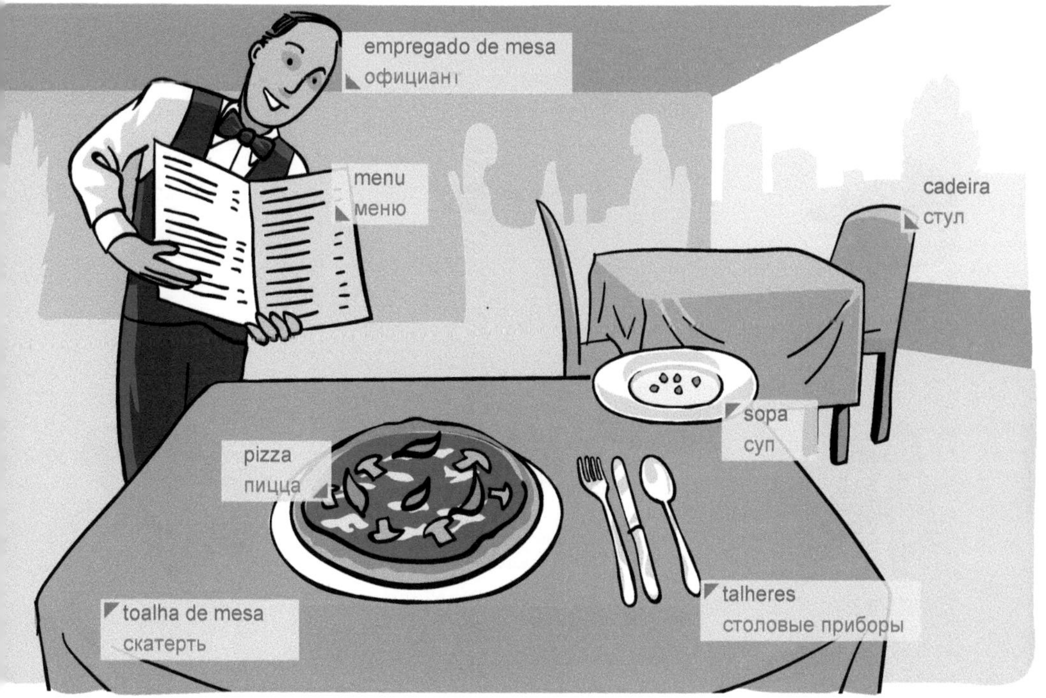
empregado de mesa
официант
menu
меню
cadeira
стул
sopa
суп
pizza
пицца
talheres
столовые приборы
toalha de mesa
скатерть

entrada

закуска

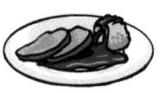

prato principal

главное блюдо

sobremesa

десерт

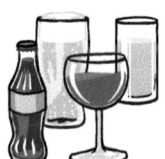

bebidas

напитки

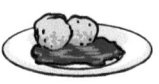

comida

еда

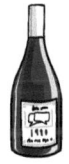

garrafa

бутылка

fast food

фастфуд

comida de rua

уличная еда

bule de chá

чайник

açucareiro

сахарница

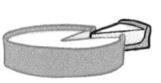

porção

порция

máquina de café expresso

кофеварка

cadeira alta

детский стульчик

conta

счет

bandeja

поднос

faca

нож

garfo

вилка

colher

ложка

colher de chá

чайная ложка

guardanapo

салфетка

copo

стакан

prato

тарелка

prato de sopa

суповая тарелка

pires

блюдце

molho

соус

saleiro

солонка

moinho dc pimenta

мельница для перца

vinagre

уксус

óleo

масло

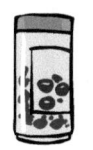

especiarias

специи

ketchup

кетчуп

mostarda

горчица

maionese

майонез

supermercado

супермаркет

oferta especial
специальное предложение
FOR
cliente
покупатель
laticínios
молочные продукты
fruta
фрукты
carrinho de compras
тележка для покупок

BUTCHERS

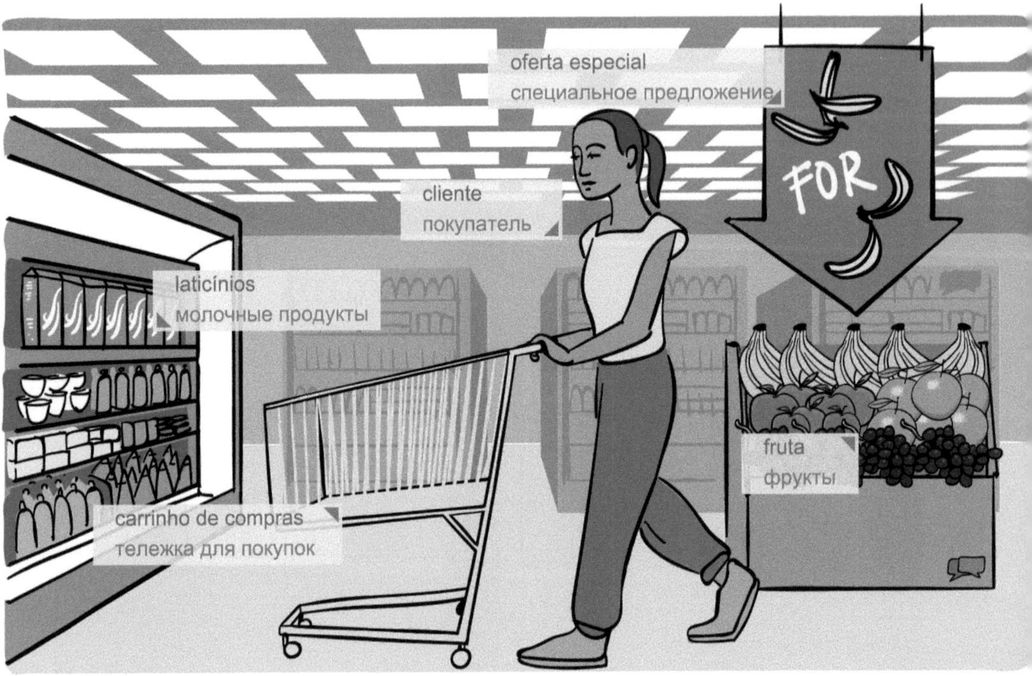

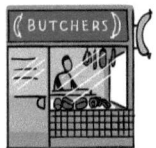

talho

мясной магазин

BAKERY

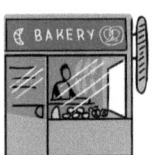

padaria

пекарня

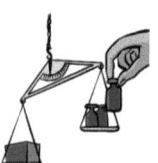

pesar

взвешивать

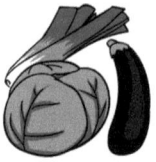

vegetais

овощи

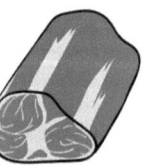

carne

мясо

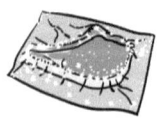

alimentos congelados

быстрозамороженные продукты

charcutaria

нарезка

comida enlatada

консервы

detergente em pó

стиральный порошок

doces

сладости

artigos domésticos

предмет домашнего обихода

produtos de limpeza

моющее средство

vendedora

продавщица

caixa

касса

caixa

кассир

lista de compras

список покупок

horário de funcionamento

время работы

carteira

бумажник

cartão de crédito

кредитная карточка

saco

сумка

saco de plástico

полиэтиленовый пакет

água

вода

sumo

сок

leite

молоко

coca-cola

кока-кола

vinho

вино

cerveja

пиво

álcool

алкоголь

cacau

какао

chá

чай

café

кофе

café expresso

эспрессо

capuccino

капучино

banana

банан

maçã

яблоко

laranja

апельсин

melão

арбуз

limão

лимон

cenoura

морковь

alho

чеснок

bambu

бамбук

cebola

лук

cogumelo

гриб

nozes

орехи

talharim

лапша

esparguete

спагетти

arroz

рис

salada

салат

batatas fritas

картофель фри

batatas fritas

жареный картофель

pizza

пицца

hambúrguer

гамбургер

sanduíche

сэндвич

bife panado

шницель

fiambre

ветчина

salame

салями

salsicha

колбаса

galinha

курица

assado

жаркое

peixe

рыба

flocos de aveia
овсяные хлопья

muesli
мюсли

flocos de milho
кукурузные хлопья

farinha
мука

croissant
круассан

carcaça (pãozinho)
булочка

pão
хлеб

torrada
тост

biscoitos
печенье

manteiga
масло

requeijão
творог

bolo
пирог

ovo
яйцо

ovo estrelado
яичница

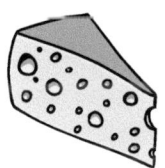

queijo
сыр

gelado

мороженое

açúcar

сахар

mel

мёд

compota

мармелад

creme de nougat

крем с нугой

caril

карри

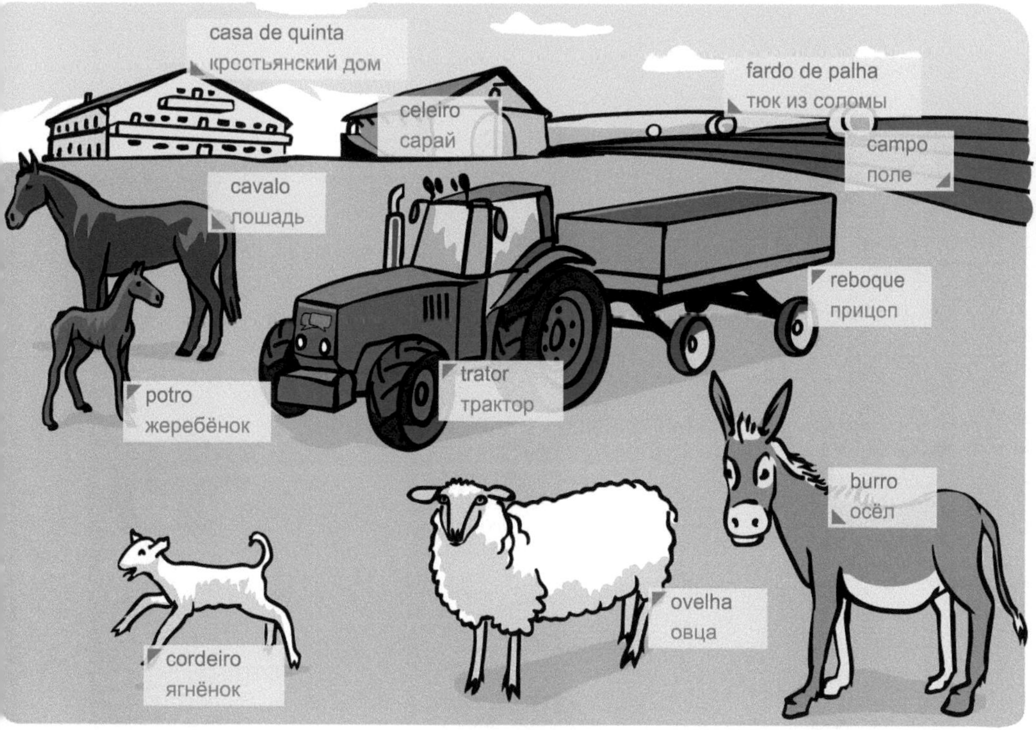

casa de quinta
крестьянский дом

fardo de palha
тюк из соломы

celeiro
сарай

campo
поле

cavalo
лошадь

reboque
прицоп

potro
жеребёнок

trator
трактор

burro
осёл

ovelha
овца

cordeiro
ягнёнок

cabra

коза

vaca

корова

bezerro

толёнок

porco

свинья

leitão

поросёнок

touro

бык

ganso

гусь

pato

утка

pintaínho

цыплёнок

galinha

курица

galo

петух

ratazana

крыса

gato

кошка

rato

мышь

boi

вол

cão

собака

casota

конура

mangueira de jardim

садовый шланг

regador

лейка

foice

коса

arado

плуг

foice

серп

enxada

мотыга

forquilha

навозные вилы

machado

топор

carrinho de mão

тачка

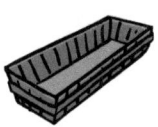

manjedoura

корыто

jarro de leite

бидон для молока

saco

мешок

cerca

забор

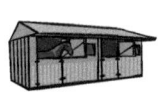

estábulo

хлев

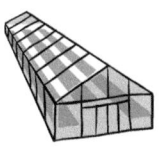

estufa

теплица

solo

почва

semente

посев

fertilizante

удобрение

ceifeira-debulhadora

комбайн

colher

собирать урожай

colheita

урожай

inhame

ямс

trigo

пшеница

soja

соя

batata

картофель

milho

кукуруза

colza

рапс

árvore de fruto

фруктовое дерево

mandioca

маниок

cereais

злаки

chaminé
дымоход

telhado
крыша

caleira
водосточный желоб

janela
окно

garagem
гараж

campainha da porta
звонок

porta
дверь

balde do lixo
мусорное ведро

caixa de correio
почтовый ящик

jardim
сад

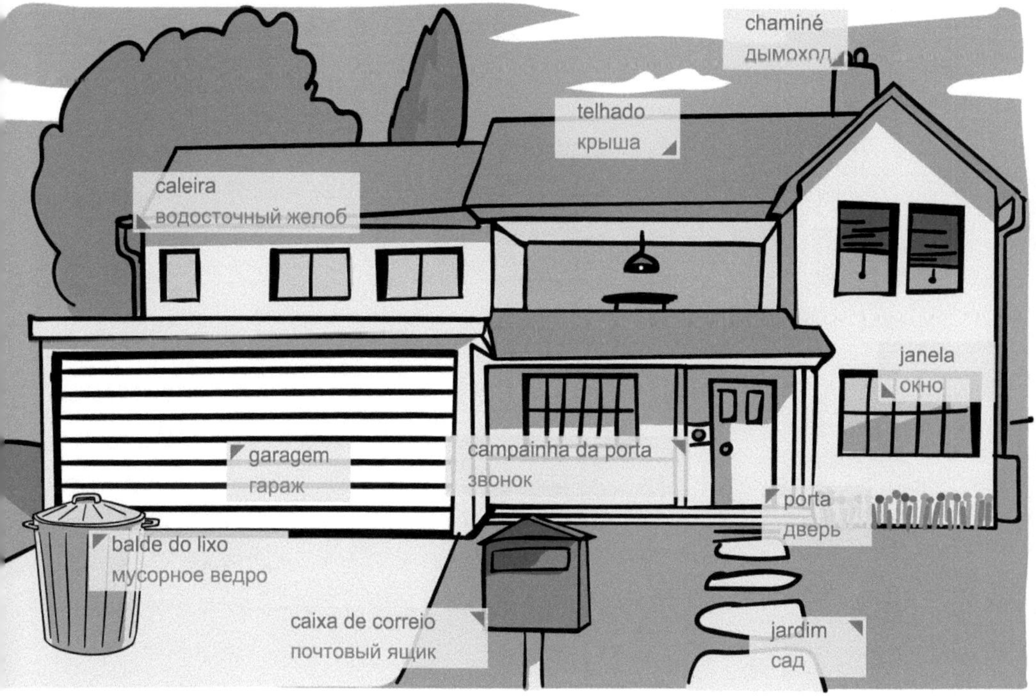

sala de estar

гостиная

casa de banho

ванная комната

cozinha

кухня

quarto de dormir

спальня

quarto de criança

детская комната

sala de jantar

столовая

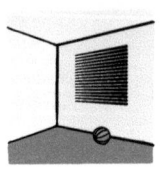

chão

пол

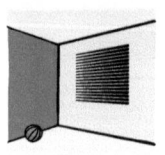

parede

стена

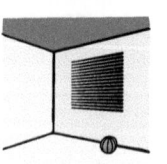

teto

потолок

cave

подвал

sauna

сауна

varanda

балкон

terraço

терраса

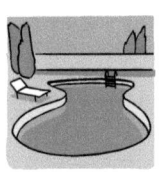

piscina

бассейн

máquina de cortar relvado

газонокосилка

lençol

пододеяльник

cobertor

покрывало

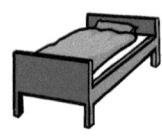

cama

кровать

vassoura

метла

balde

ведро

interruptor

выключатель

sala de estar
гостиная

papel de parede
обои
imagem
рисунок
lâmpada
лампа
prateleira
полка
armário
шкаф
televisão
телевизор
lareira
камин
flor
цветок
almofada
подушка
sofá
диван
vaso
ваза
controlo remoto
пульт дистанционного управления

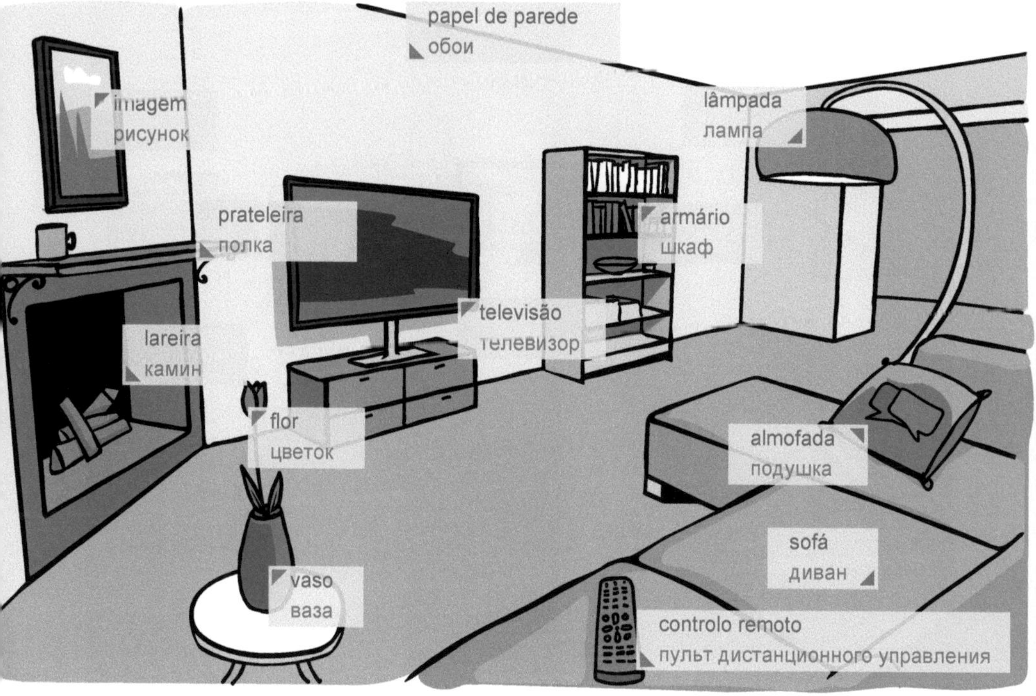

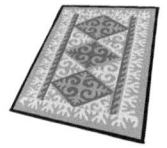

tapete

ковёр

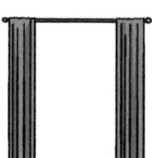

cortina

штора

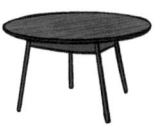

mesa

стол

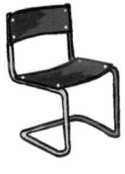

cadeira

стул

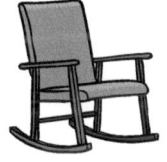

cadeira de baloiço

кресло-качалка

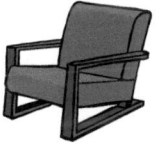

poltrona

кресло

livro

книга

cobertor

покрывало

decoração

украшение

lenha

дрова

filme

фильм

sistema estéreo

стереосистема

chave

ключ

jornal

газета

pintura

картина

póster

плакат

rádio

радио

bloco de notas

блокнот

aspirador

пылесос

cato

кактус

vela

свеча

cozinha
кухня

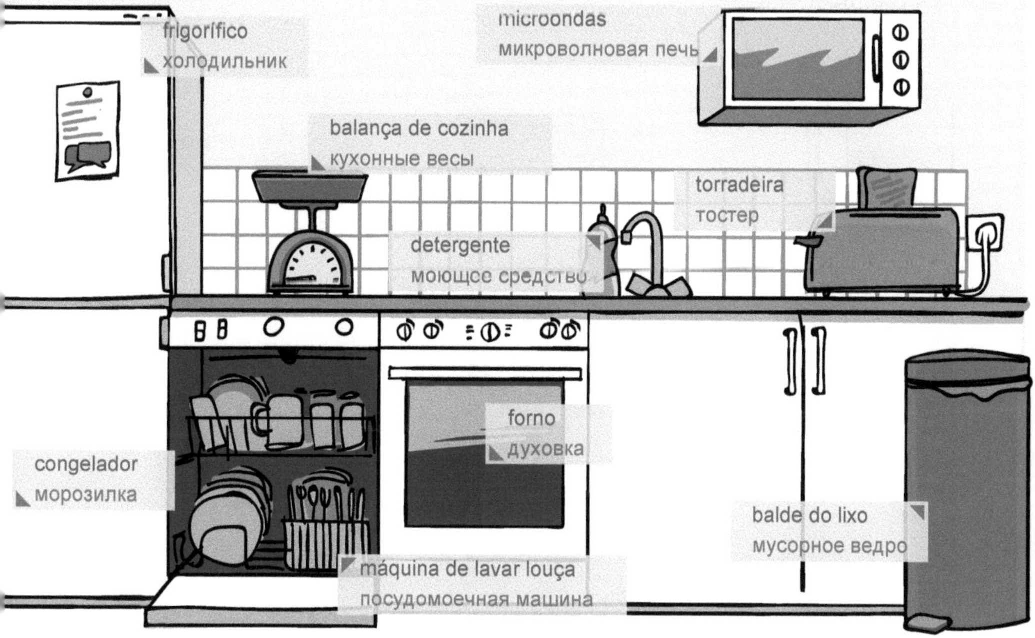
frigorífico
холодильник
microondas
микроволновая печь
balança de cozinha
кухонные весы
torradeira
тостер
detergente
моющее средство
forno
духовка
congelador
морозилка
balde do lixo
мусорное ведро
máquina de lavar louça
посудомоечная машина

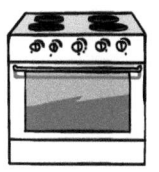

fogão
плита

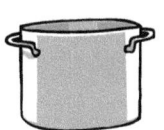

panela
кастрюля

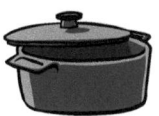

panela de ferro
чугунный котелок

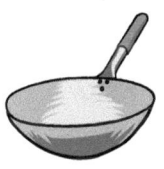

wok / kadai
вок / кадай

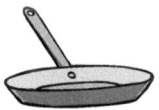

frigideira
сковорода

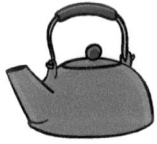

chaleira
чайник

panela a vapor

пароварка

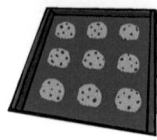

tabuleiro de forno

противень

louça

посуда

caneca

кружка

tigela

миска

pauzinhos

палочки для еды

concha de sopa

половник

espátula

лопатка

batedor de claras

сбивалка

escorredor

сито

peneira

сито

ralador

тёрка

almofariz

ступка

churrasqueira

гриль

lareira

костёр

tábua de cortar

доска

rolo da massa

скалка

saca-rolhas

штопор

lata

жестяная банка

abridor de latas

консервный нож

luvas de forno

прихватка

lava-loiça

раковина

escova

щетка

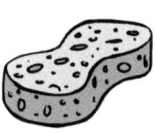

esponja

губка

liquidificador

миксер

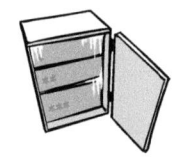

arca frigorífica

морозильная камера

biberão

бутылочка для кормления

torneira

кран

casa de banho
ванная комната

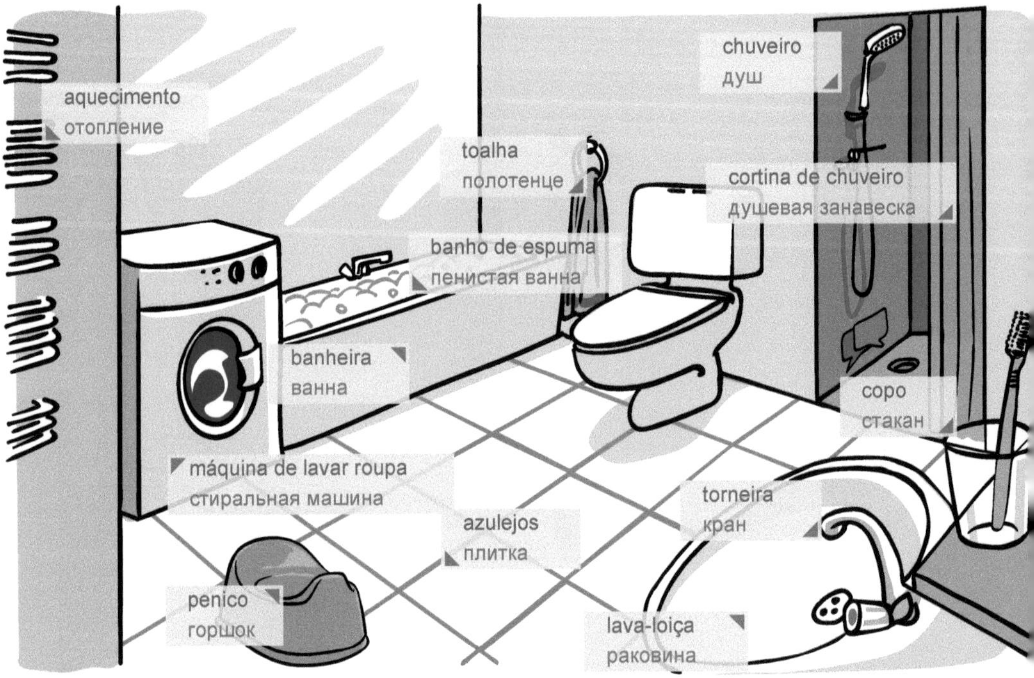

aquecimento
отопление
toalha
полотенце
chuveiro
душ
cortina de chuveiro
душевая занавеска
banho de espuma
пенистая ванна
banheira
ванна
copo
стакан
máquina de lavar roupa
стиральная машина
torneira
кран
azulejos
плитка
penico
горшок
lava-loiça
раковина

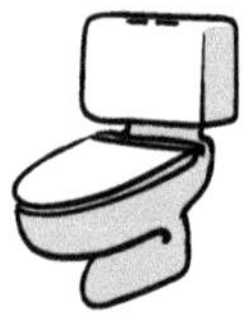

sanita
туалет

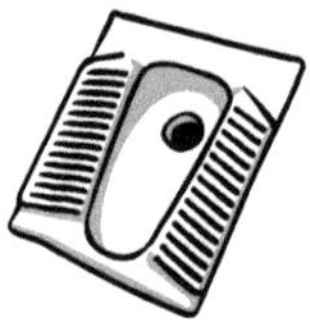

retrete turca
напольный унитаз

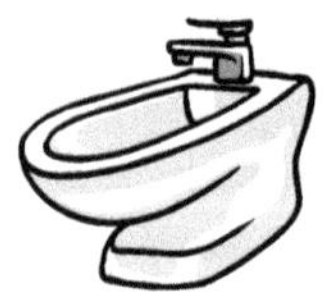

bidé
биде

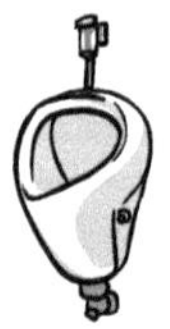

urinol
писсуар

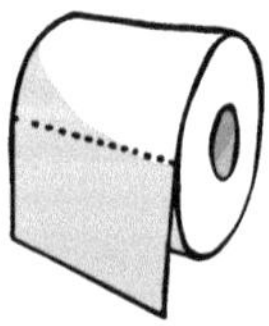

papel higiénico
туалетная бумага

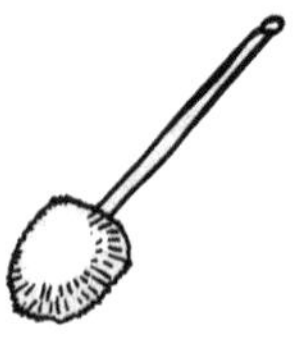

piaçaba
ершик

escova de dentes

зубная щётка

pasta de dentes

зубная паста

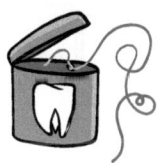

fio dentário

зубная нить

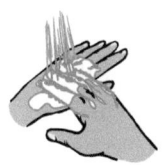

lavar

мыть

chuveiro de mão

ручной душ

duche íntimo

интимный душ

bacia

таз

escova para as costas

щётка для спины

sabonete

мыло

gel de banho

гель для душа

champô

шампунь

toalha de rosto

мочалка

escoamento

сток

creme

крем

desodorizante

дезодорант

espelho

зеркало

espelho de mão

ручное зеркало

máquina de barbear

бритва

creme de barbear

пена для бритья

loção pós-barba

лосьон после бритья

pente

расческа

escova

щетка

secador de cabelo

фен

spray de cabelo

лак для волос

maquilhagem

косметика

batom

губная помада

verniz de unhas

лак для ногтей

algodão

вата

tesoura para unhas

маникюрные ножницы

perfume

духи

nécessaire

косметичка

tamborete

табуретка

balança

весы

roupão de banho

халат

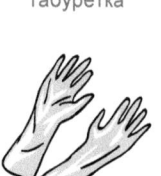

luvas de borracha

резиновые перчатки

tampão

тампон

penso higiénico

гигиеническая прокладка

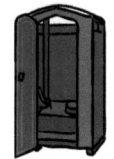

WC químico

биотуалет

quarto de criança
детская комната

despertador
будильник
peluche
мягкая игрушка
carro de brincar
игрушечный автомобиль
chocalho
погремушка
casa de bonecas
кукольный домик
presente
подарок

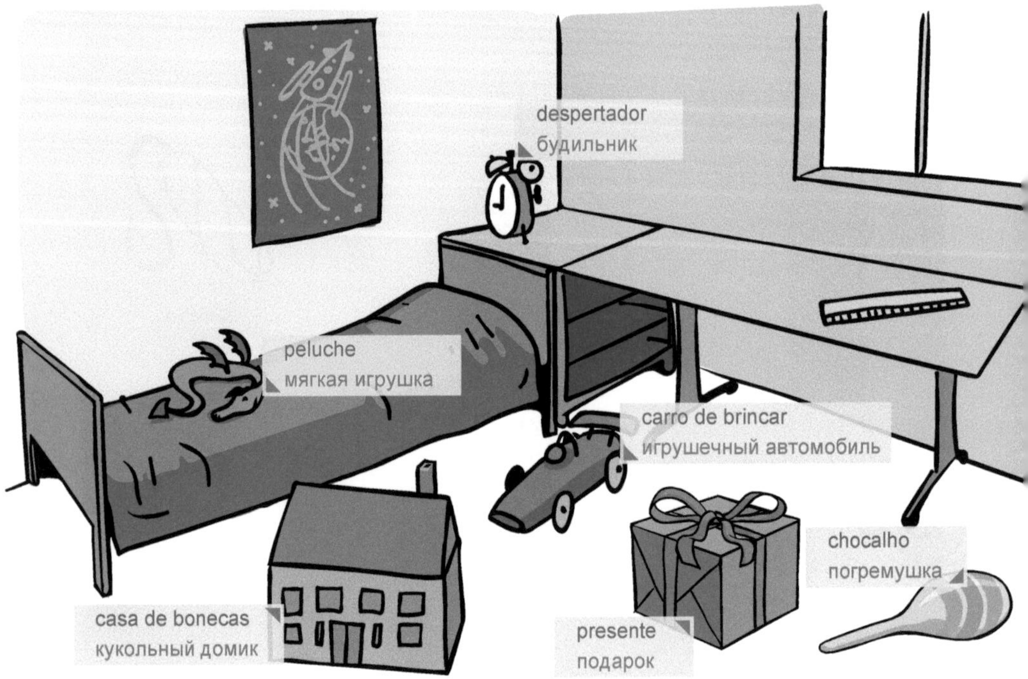

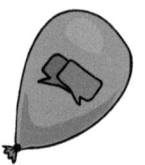

balão
воздушный шар

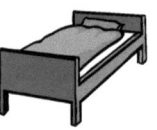

cama
кровать

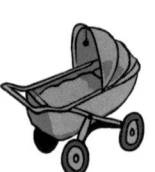

carrinho de bebé
детская коляска

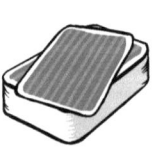

jogo de cartas
карточная игра

quebra-cabeças
пазл

SUPER
MEGA
banda desenhada
комикс

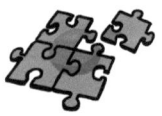

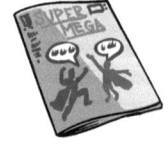

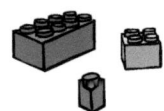

peças de Lego

кирпичики Лего

blocos de construção

кубики

figura de ação

игрушечная фигурка

fato de bebé

ползунки

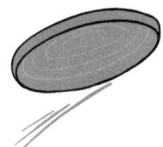

Frisbee

фрисби

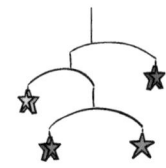

móbile para bebé

мобиле

jogo de tabuleiro

настольная игра

dados

кубик

pista de comboio elétrico

модель железной дороги

chupeta

соска

festa

вечеринка

livro ilustrado

книга с картинками

bola

мяч

boneca

кукла

jogar

играть

caixa de areia

песочница

baloiço

качели

brinquedos

игрушка

consola de jogos

игровая приставка

triciclo

трёхколесный велосипед

ursinho de peluche

плюшевый медвежонок

guarda-roupa

шкаф для одежды

vestuário

одежда

meias

носки

meias pelo joelho

чулки

meias-calças

колготки

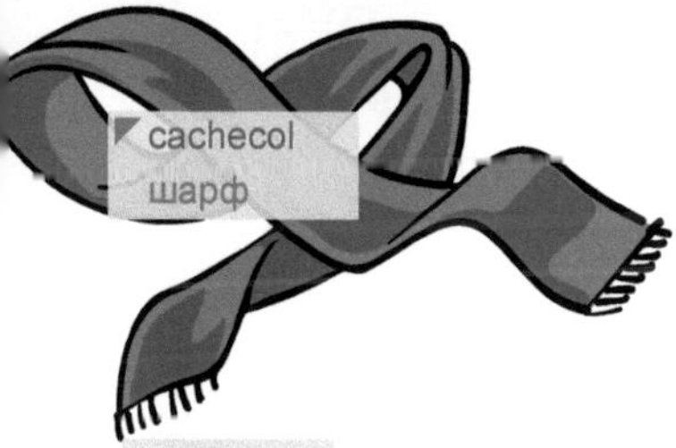

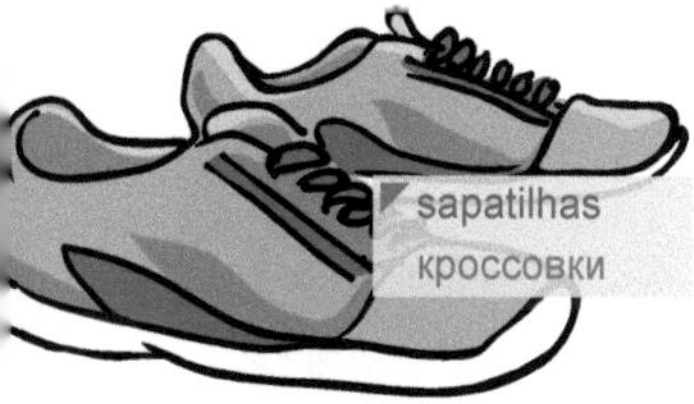

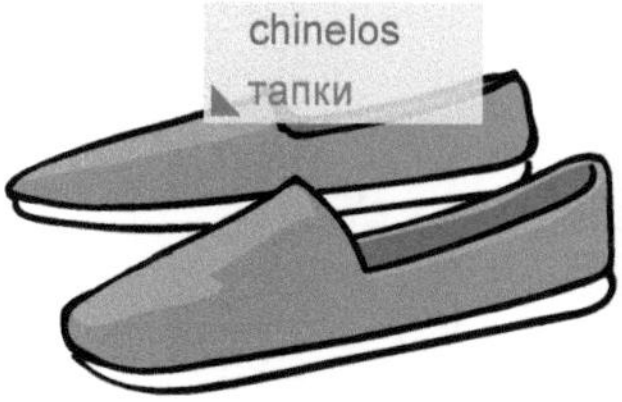

cachecol
шарф

guarda-chuva
зонтик

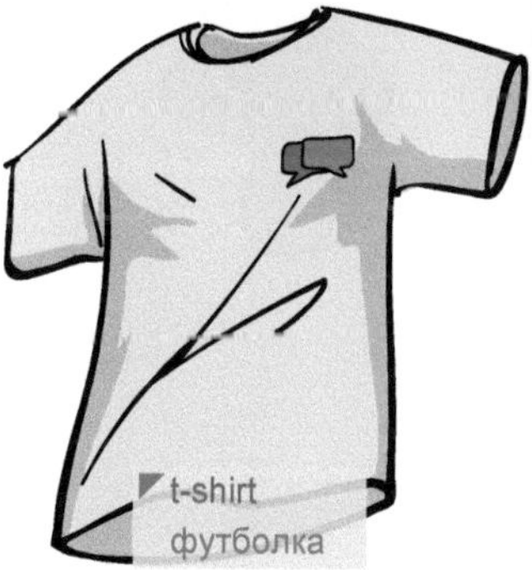

cinto
ремень

t-shirt
футболка

sapatilhas
кроссовки

botas
сапоги

chinelos
тапки

sandálias
сандалии

sapatos
ботинки

botas de borracha
резиновые сапоги

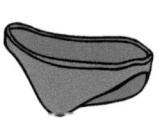

cuecas
трусы

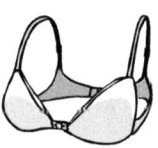

sutiã
бюстгальтер

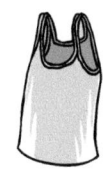

camisola interior
майка

body
боди

calças
брюки

calças de ganga
джинсы

saia
юбка

blusa
блузка

camisa
рубашка

pulôver
свитер

camisola com capuz
свитер

blazer
спортивная куртка

casaco
жакет

manto
пальто

gabardina
плащ

traje
костюм

vestido
платье

vestido de casamento
свадебное платье

fato

мужской костюм

camisa de dormir

ночная сорочка

pijama

пижама

sari

сари

lenço de cabeça

платок

lurbante

тюрбан

burca

паранджа

cafetã

кафтан

abaya

абайя

fato de banho

купальник

calções de banho

плавки

calções

шорты

fato de treino

спортивный костюм

avental

фартук

luvas

перчатки

botão

пуговица

óculos

очки

pulseira

браслет

colar

цепочка

anel

кольцо

brinco

серьга

boné

шапка

cabide

вешалка

chapéu

шляпа

gravata

галстук

fecho de correr

застежка молния

capacete

шлем

suspensórios

подтяжки

uniforme escolar

школьная форма

uniforme

форма

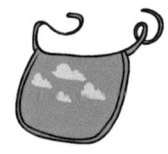

babete

детский нагрудник

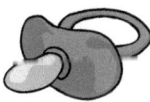

chupeta

соска

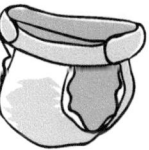

fralda

подгузник

escritório

офис

servidor
сервер
armário de arquivo
канцелярский шкаф
impressora
принтер
papel
бумага
ecrã
монитор
rato
мышь
secretária
письменный стол
pasta
папка
teclado
клавиатура
cesto de lixo
корзина для бумаг
computador
компьютер
cadeira
стул

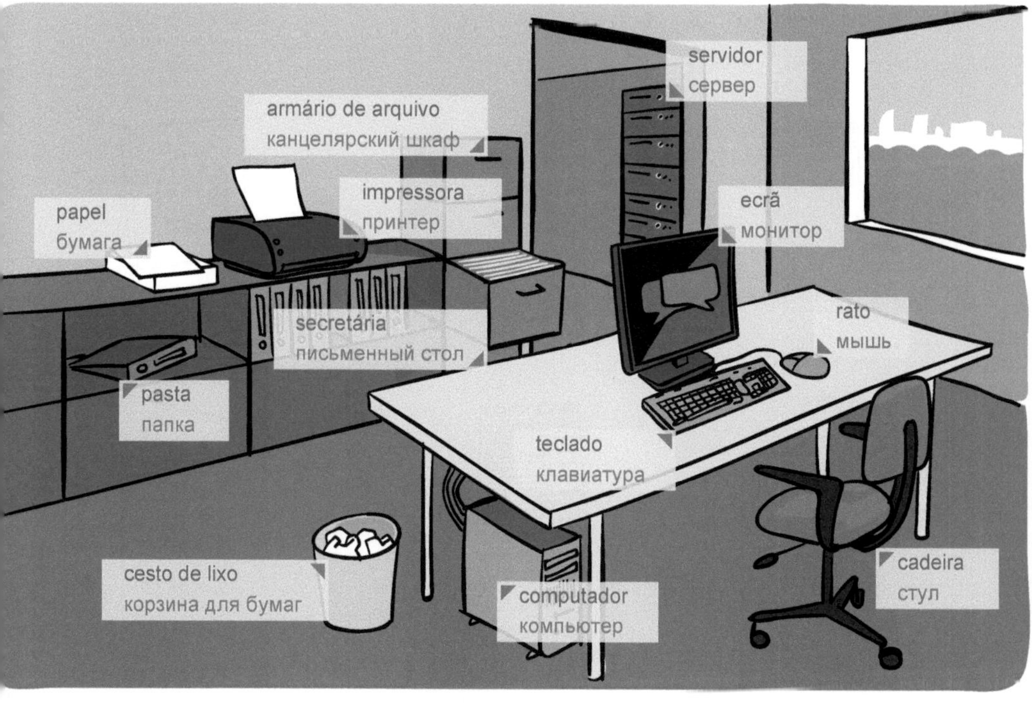

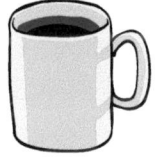

caneca de café

кофейная кружка

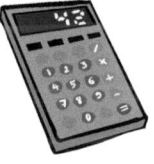

calculadora

калькулятор

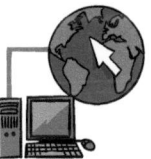

internet

интернет

computador portátil

ноутбук

carta

письмо

mensagem

сообщение

telemóvel

мобильный телефон

rede

сеть

fotocopiadora

ксерокс

software

программа

telefone

телефон

tomada elétrica

розетка

fax

факс

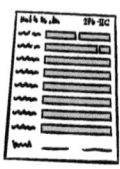

formulário

формуляр

documento

документ

comprar

покупать

pagar

платить

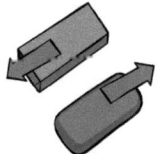

negociar

торговать

dinheiro

деньги

dólar

доллар

euro

евро

yen

иена

rublo

рубль

franco suíço

франк

renminbi yuan

жэньминьби юань

rupia

рупия

caixa de multibanco

банкомат

casa de câmbio

пункт обмена валюты

ouro

золото

prata

серебро

petróleo

нефть

energia

энергия

preço

цена

contrato

договор

imposto

налог

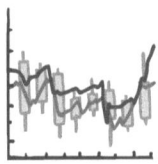

ação

акция

trabalhar

работать

empregado

служащий

entidade patronal

работодатель

fábrica

фабрика

loja

магазин

profissões
профессии

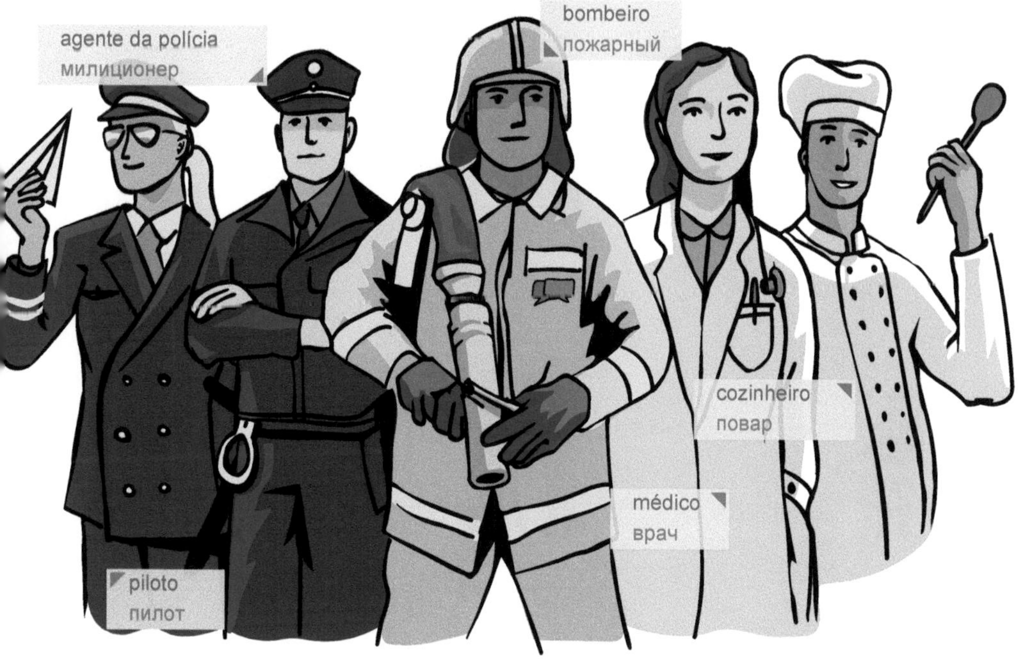
bombeiro
пожарный
agente da polícia
милиционер
cozinheiro
повар
médico
врач
piloto
пилот

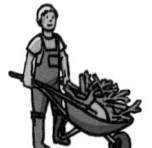

jardineiro

садовник

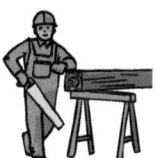

carpinteiro

столяр

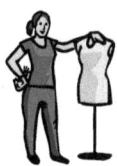

costureira

швея

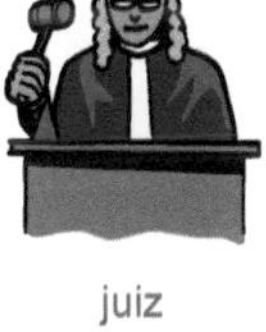

juiz

судья

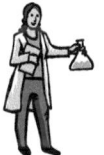

químico

химик

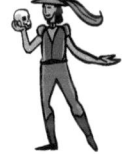

ator

актёр

motorista de autocarro

водитель автобуса

motorista de táxi

таксист

pescador

рыбак

empregada de limpeza

уборщица

telhador

кровельщик

empregado de mesa

официант

caçador

охотник

pintor

художник

padeiro

пекарь

eletricista

электрик

construtor

строитель

engenheiro

инженер

talhante

мясник

canalizador

сантехник

carteiro

почтальон

soldado

солдат

arquiteto

архитектор

caixa

кассир

florista

флорист

cabeleireiro

парикмахер

controlador de bilhetes

кондуктор

mecânico

механик

capitão

капитан

dentista

зубной врач

cientista

ученый

rabino

раввин

imã

имам

monge

монах

pastor

священник

ferramentas

инструменты

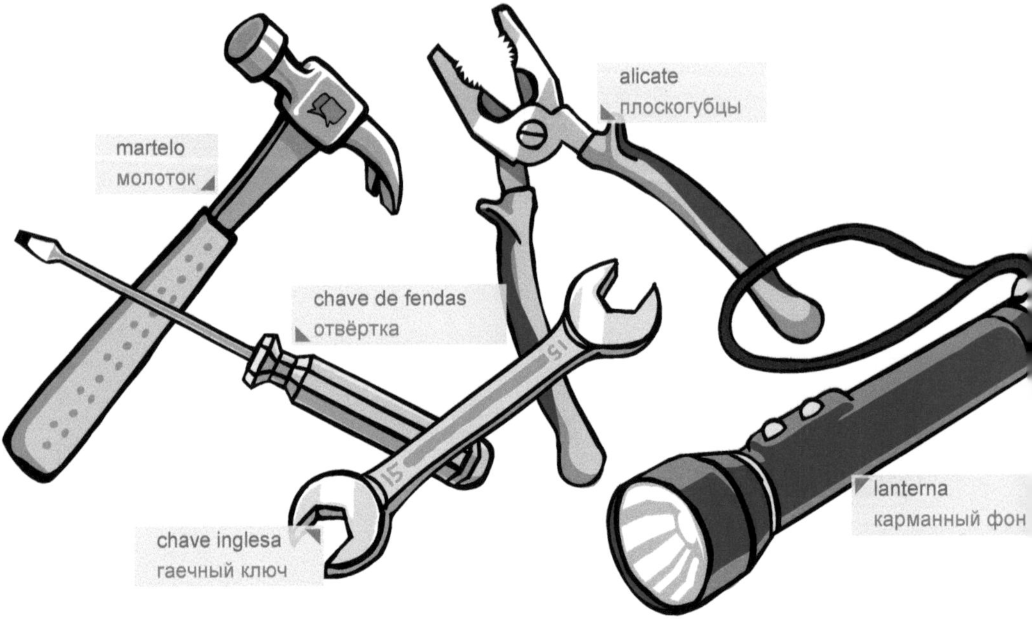

alicate
плоскогубцы
martelo
молоток
chave de fendas
отвёртка
lanterna
карманный фон
chave inglesa
гаечный ключ

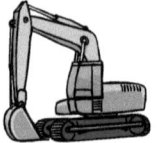

escavadora

экскаватор

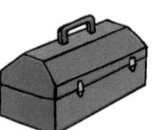

caixa de ferramentas

ящик для инструментов

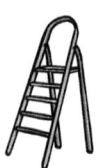

escadote

стремянка

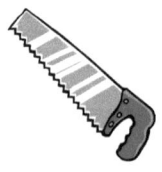

serra

пила

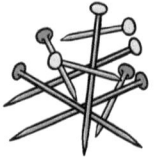

pregos

гвозди

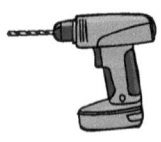

broca

дрель

reparar

ремонтировать

pá

лопата

porcaria!

Блин!

pá de lixo

совок

pote de tinta

ведро с краской

parafusos

винты

instrumentos musicais

музыкальные инструменты

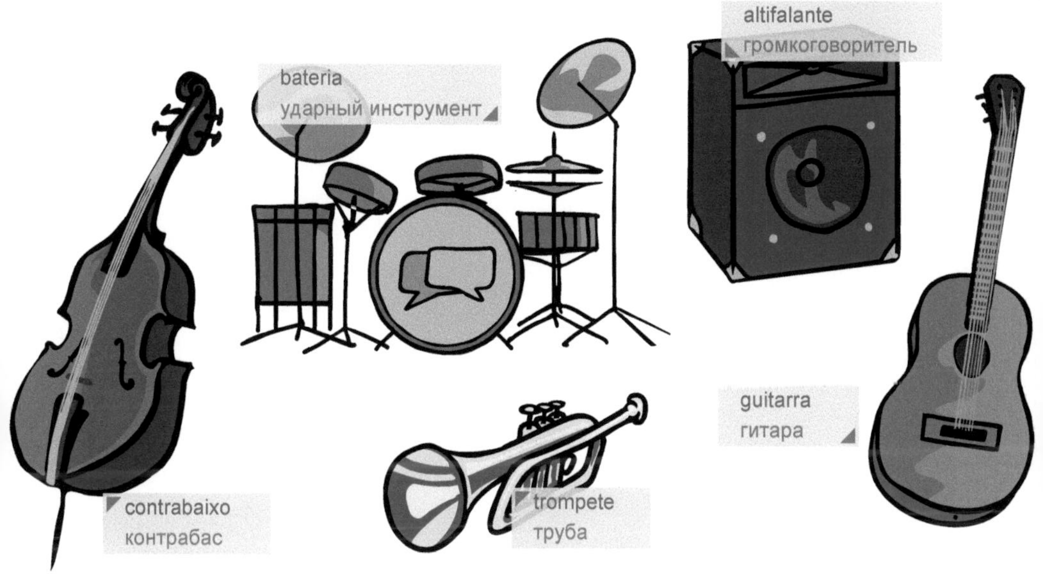

bateria
ударный инструмент

altifalante
громкоговоритель

guitarra
гитара

contrabaixo
контрабас

trompete
труба

piano

пианино

violino

скрипка

baixo

бас-гитара

timbales

литавры

tambor

барабан

teclado

синтезатор

saxofone

саксофон

flauta

флейта

microfone

микрофон

jardim zoológico

зоопарк

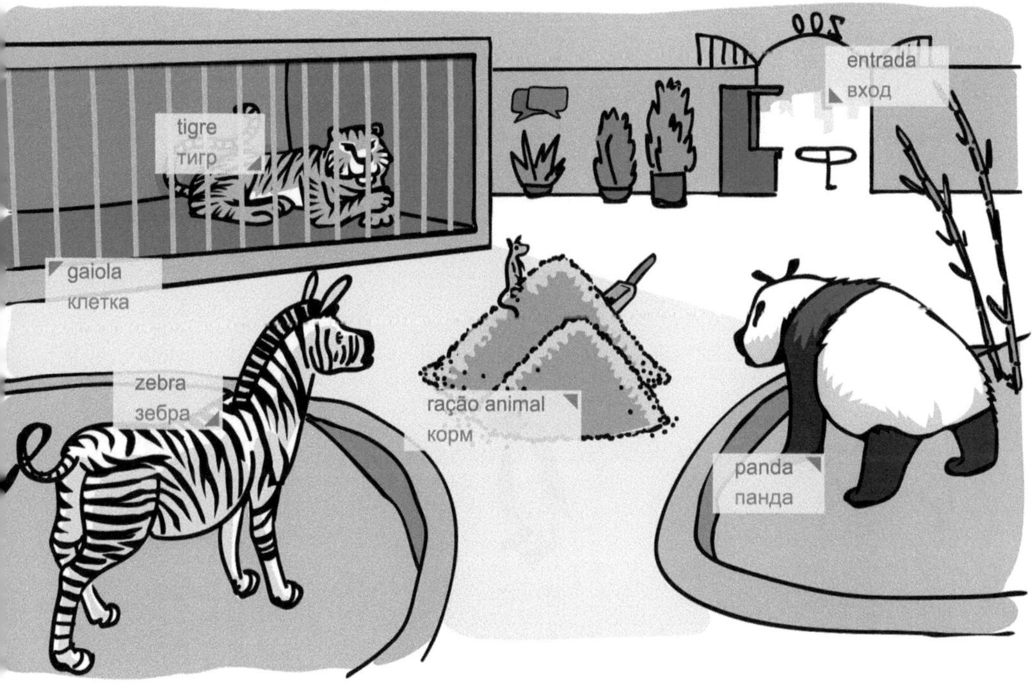
entrada
вход
tigre
тигр
gaiola
клетка
zebra
зебра
ração animal
корм
panda
панда

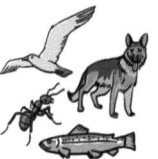

animais

животные

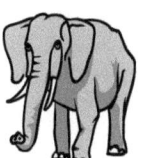

elefante

слон

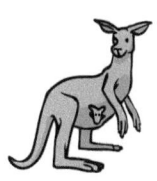

canguru

кенгуру

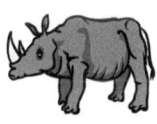

rinoceronte

носорог

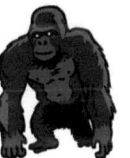

gorila

горилла

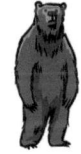

urso

медведь

camelo

верблюд

avestruz

страус

leão

лев

macaco

обезьяна

flamingo

фламинго

papagaio

попугай

urso polar

белый медведь

pinguim

пингвин

tubarão

акула

pavão

павлин

cobra

змея

crocodilo

крокодил

guarda do jardim zoológico

служитель зоопарка

foca

тюлень

jaguar

ягуар

pónei

пони

leopardo

леопард

hipopótamo

бегемот

girafa

жираф

águia

орёл

javali

кабан

peixe

рыба

tartaruga

черепаха

morsa

морж

raposa

лиса

gazela

газель

futebol americano
американский футбол

ciclismo
езда на велосипеде

ténis
теннис

basquetebol
баскетбол

natação
плавание

boxe
бокс

hóquei no gelo
хоккей

futebol
футбол

badminton
бадминтон

atletismo
лёгкая атлетика

andebol
гандбол

esqui
лыжный спорт

polo
поло

atividades
действия

rir
смеяться
saltar
прыгать
abraçar
обнимать
andar
идти
cantar
петь
sonhar
мечтать
rezar
молиться
beijar
целовать

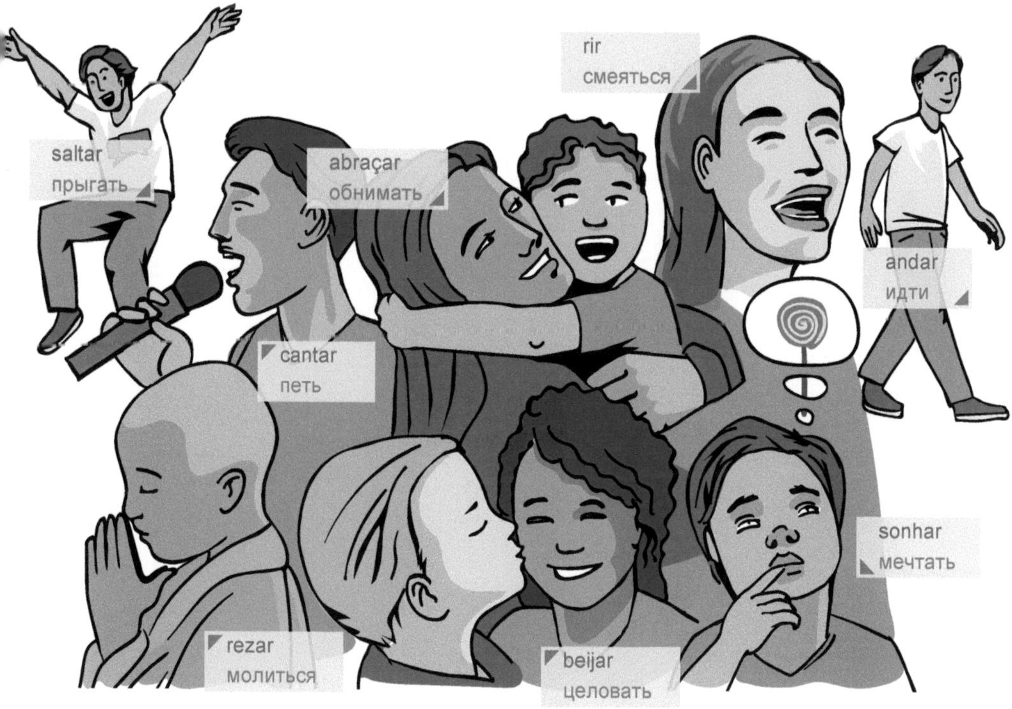

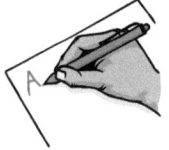

escrever
писать

desenhar
рисовать

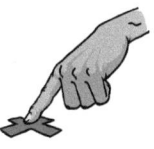

mostrar
показывать

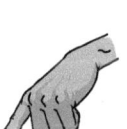

empurrar
нажимать

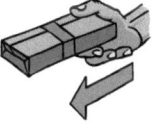

dar
давать

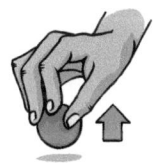

tomar
брать

ter
иметь

fazer
делать

ser
быть

ficar de pé
стоять

correr
бежать

puxar
тянуть

remessar
бросать

cair
падать

deitar
лежать

esperar
ждать

carregar
носить

sentar
сидеть

vestir
надевать

dormir
спать

acordar
просыпаться

olhar para

рассматривать

chorar

плакать

acariciar

гладить

pentear

причесывать

falar

говорить

compreender

понимать

perguntar

спрашивать

ouvir

слушать

beber

пить

comer

кушать

arrumar

наводить порядок

amar

любить

cozinhar

готовить

conduzir

ехать

voar

летать

velejar

ходить под парусом

calcular

считать

ler

читать

aprender

учиться

trabalhar

работать

casar

вступать в брак

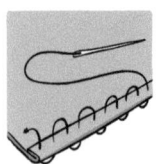

costurar

шить

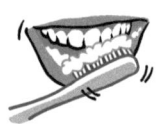

escovar os dentes

чистить зубы

matar

убивать

fumar

курить

enviar

отправлять

família
семья

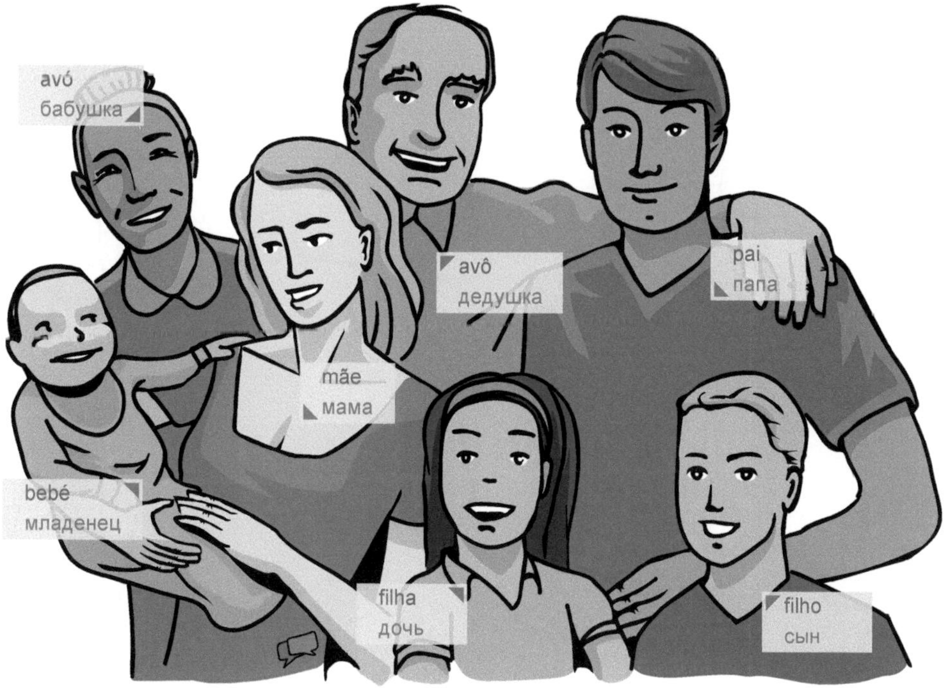
avó
бабушка
avô
дедушка
pai
папа
mãe
мама
bebé
младенец
filha
дочь
filho
сын

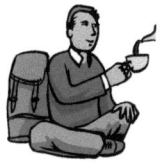

convidado
гость

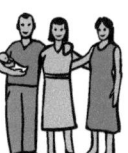

tia
тетя

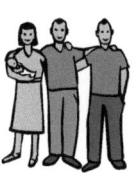

tio
дядя

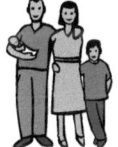

irmão
брат

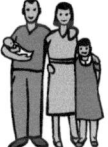

irmã
сестра

corpo

тело

testa
лоб
olho
глаз
ombro
плечо
dedo
палец
cara
лицо
queixo
подбородок
mão
кисть
peito
грудь
perna
нога
braço
рука

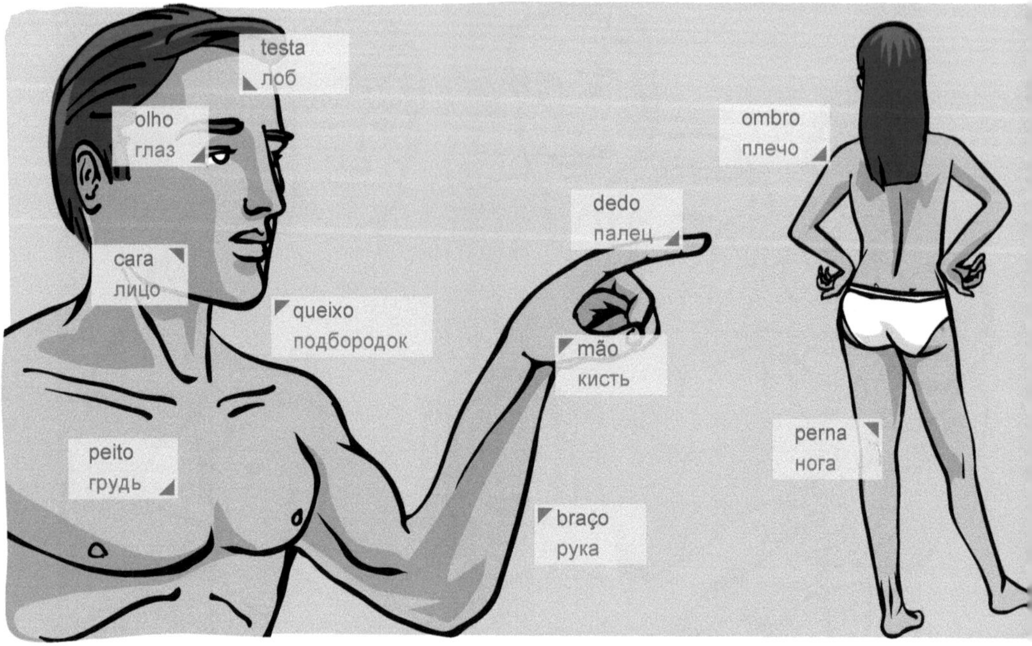

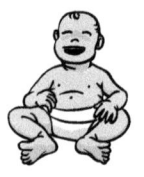

bebé

младенец

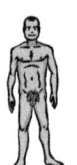

homem

мужчина

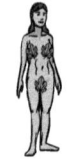

mulher

женщина

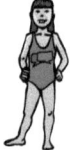

menina

девочка

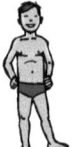

menino

мальчик

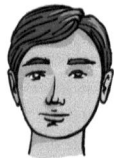

cabeça

голова

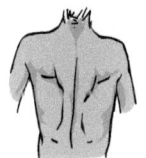

costas

спина

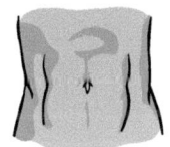

barriga

живот

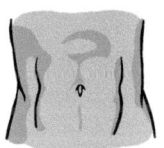

umbigo

пупок

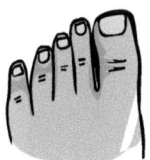

dedo do pé

палец ноги

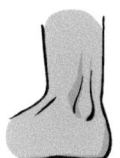

calcanhar

пятка

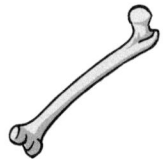

osso

кость

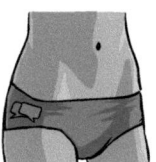

anca

бедро

joelho

колено

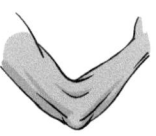

cotovelo

локоть

nariz

нос

nádegas

ягодицы

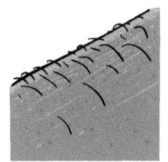

pele

кожа

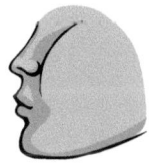

bochecha

щека

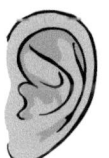

orelha

ухо

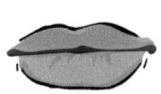

lábio

губа

boca

рот

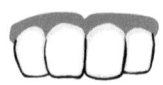

dente

зуб

língua

язык

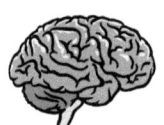

cérebro

мозг

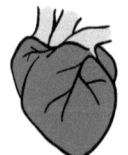

coração

сердце

músculo

мышца

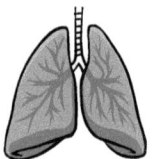

pulmão

лёгкое

fígado

печень

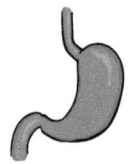

estômago

желудок

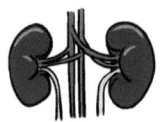

rins

почки

relações sexuais

половой акт

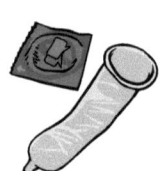

preservativo

презерватив

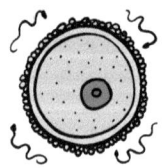

óvulo

яйцеклетка

esperma

сперма

gravidez

беременность

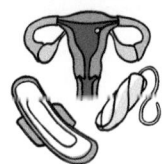

menstruação
....
менструация

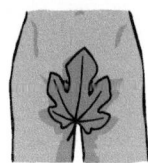

vagina
....
вагина

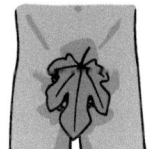

pénis
....
пенис

sobrancelha
....
бровь

cabelo
....
волосы

pescoço
....
шея

hospital
больница

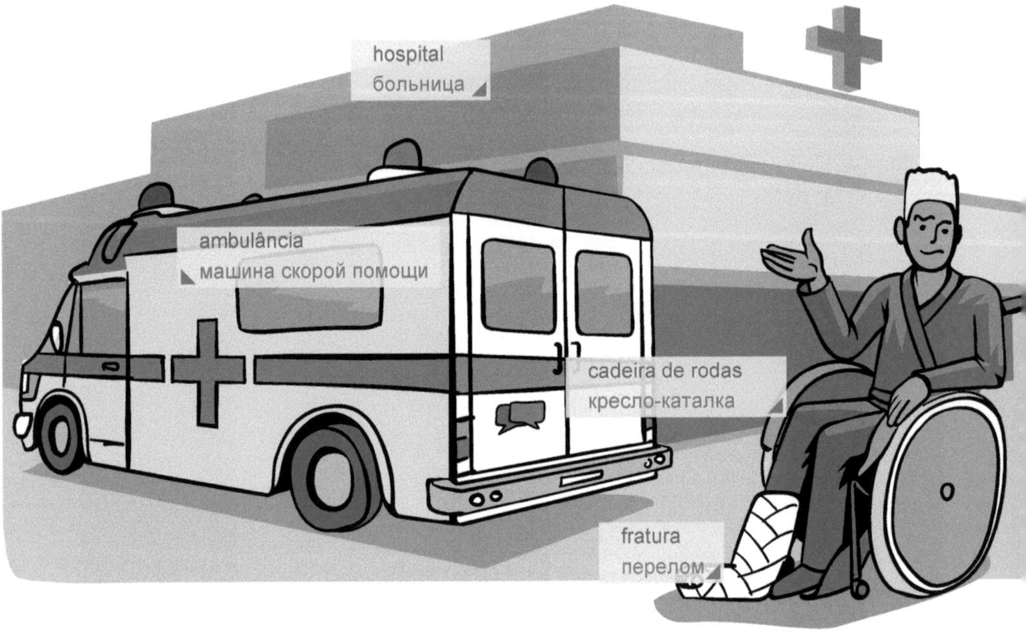

hospital
больница
ambulância
машина скорой помощи
cadeira de rodas
кресло-каталка
fratura
перелом

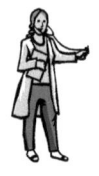

médico

врач

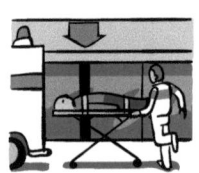

serviço de urgências

пункт первой помощи

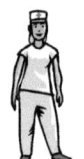

enfermeira

медсестра

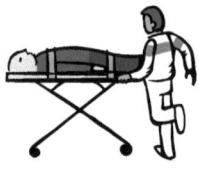

emergência

неотложный случай

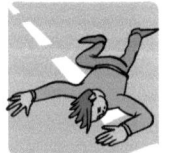

inconsciente

без сознания

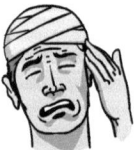

dor

боль

ferimento

повреждение

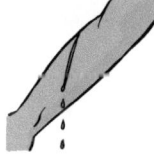

hemorragia

кровотечение

ataque cardíaco

инфаркт

acidente vascular cerebral

инсульт

alergia

аллергия

тоззе

кашель

febre

повышенная температура

gripe

грипп

diarreia

понос

dor de cabeça

головная боль

cancro

рак

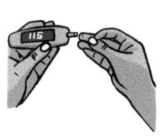

diabetes

диабет

cirurgião

хирург

bisturi

скальпель

operação

операция

CT
КТ

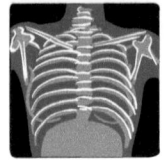

raio x
рентген

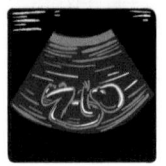

ultrassom
ультразвук

máscara
маска

doença
болезнь

sala de espera
приёмная

muleta
костыль

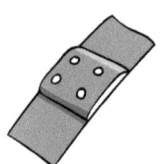

penso rápido
пластырь

ligadura
бинт

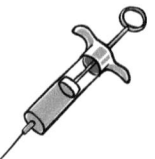

injeção
укол

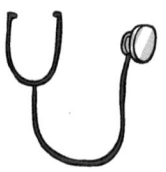

estetoscópio
стетоскоп

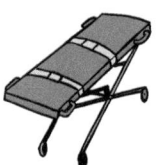

maca
носилки

termómetro
термометр

nascimento
рождение

excesso de peso
избыточный вес

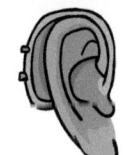

aparelho auditivo

слуховой аппарат

desinfetante

дезинфекционное
средство

infeção

инфекция

vírus

вирус

HIV / SIDA

ВИЧ / СПИД

medicamento

лекарство

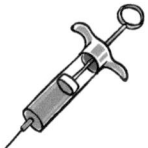

vacinação

прививка

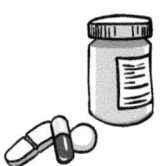

comprimidos

таблетки

pílula

противозачаточная
таблетка

chamada de emergência

экстренный вызов

dispositivo de medição de
pressão arterial

прибор для измерения
кровяного давления

doente / saudável

больной / здоровый

Socorro!
Помогите!

alarme
сигнал тревоги

assalto
нападение

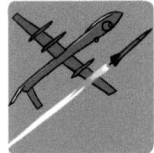

ataque
атака

perigo
опасность

saída de emergência
запасной выход

Fogo!
Пожар!

extintor de incêndios
огнетушитель

acidente
несчастный случай

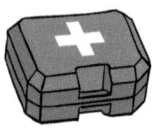

estojo de primeiros socorros

аптечка

SOS
SOS

polícia
милиция

Europa

Европа

América do Norte

Северная Америка

América do Sul

Южная Америка

África

Африка

Ásia

Азия

Austrália

Австралия

Atlântico

Атлантический океан

Pacífico

Тихий океан

Oceano Índico

Индийский океан

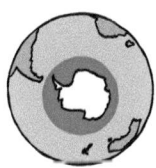

Oceano Antártico

Антарктический океан

Oceano Ártico

Северный Ледовитый океан

Polo Norte

Северный полюс

Polo Sul

Южный полюс

Antártica

Антарктика

terra

земля

país

суша

mar

море

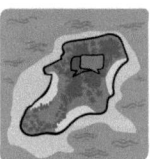

ilha

остров

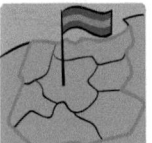

nação

нация

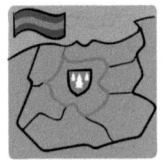

estado

государство

mostrador do relógio

циферблат

ponteiro das horas

часовая стрелка

ponteiro dos minutos

минутная стрелка

ponteiro dos segundos

секундная стрелка

Que horas são?

Который час?

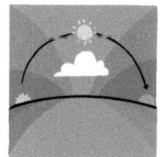

dia

день

tempo

время

agora

сейчас

relógio digital

электронные часы

minuto

минута

hora

час

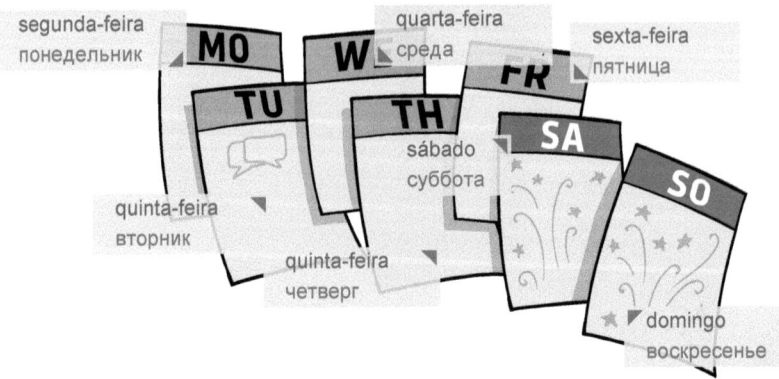

segunda-feira
понедельник

quarta-feira
среда

sexta-feira
пятница

quinta-feira
вторник

quinta-feira
четверг

sábado
суббота

domingo
воскресенье

ontem

вчера

hoje

сегодня

amanhã

завтра

manhã

утро

meio-dia

полдень

entardecer

вечер

dias úteis

рабочие дни

fim de semana

выходные

ano

год

chuva
дождь
arco-íris
радуга
neve
снег
vento
ветер
primavera
весна
outono
осень
verão
лето
inverno
зима

4.APRIL 11°
5.APRIL 4°
6.APRIL 13°
7.APRIL 8°
8.APRIL 10°

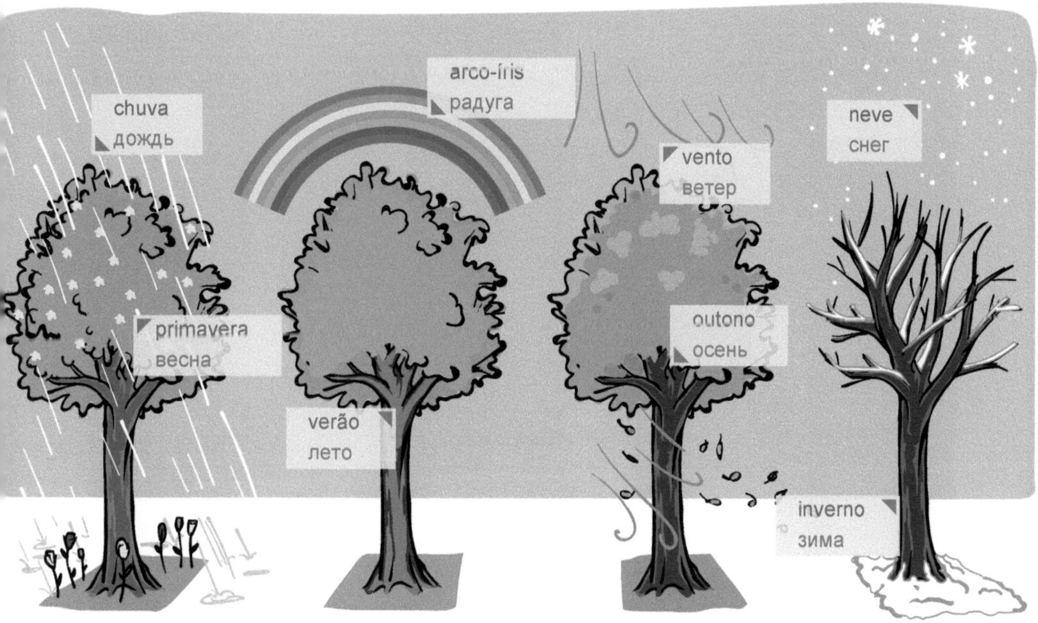

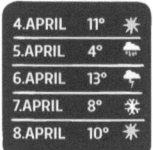

previsão do tempo
прогноз погоды

F C
120 40
90 30
60 20
30 10
0 0
-30 -10
-20

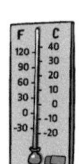

termómetro
термометр

raios de sol
солнечный свет

nuvem
туча

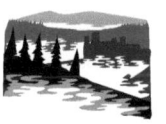

neblina / nevoeiro
туман

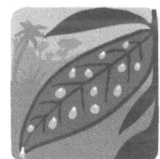

humidade do ar
влажность воздуха

relâmpago

молния

trovão

гром

tempestade

буря

granizo

град

monção

муссон

inundação

наводнение

gelo

лёд

janeiro

январь

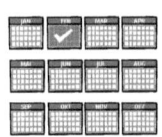

fevereiro

февраль

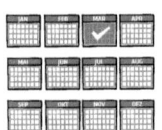

março

март

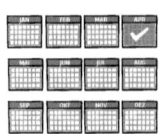

abril

апрель

maio

май

junho

июнь

julho

июль

agosto

август

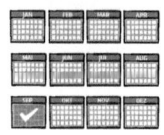

setembro

сентябрь

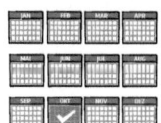

outubro

октябрь

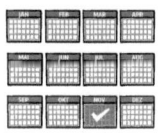

novembro

ноябрь

dezembro

декабрь

formas
формы

círculo

круг

quadrado

квадрат

retângulo

прямоугольник

triângulo

треугольник

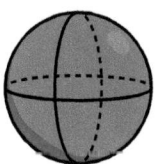

esfera

шар

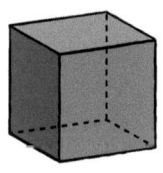

cubo

куб

branco

белый

amarelo

желтый

laranja

оранжевый

rosa

розовый

vermelho

красный

lilás

лиловый

azul

синий

verde

зелёный

castanho

коричневый

cinzento

серый

preto

черный

muito / pouco

много / мало

furioso / calmo

яростный / мирный

lindo / feio

красивый / уродливый

princípio / fim

начало / конец

grande / pequeno

большой / маленький

claro / escuro

светлый / темный

irmão / irmã

брат / сестра

limpo / sujo

чистый / грязный

completo / incompleto

полный / неполный

dia / noite

день / ночь

morto / vivo

мёртвый / живой

largo / estreito

широкий / узкий

comestível / não comestível

съедобный / несъедобный

mau / gentil

злой / дружелюбный

entusiasmado / entediado

взволнованный /
скучающий

gordo / magro

толстый / худой

primeiro / último

сначала / в конце

amigo / inimigo

друг / враг

cheio / vazio

полный / пустой

duro / macio

твёрдый / мягкий

pesado / leve

тяжёлый / легкий

fome / sede

голод / жажда

doente / saudável

больной / здоровый

ilegal / legal

незаконный / законный

inteligente / burro

умный / глупый

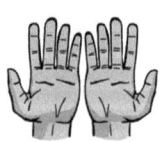

esquerda / direita

слева / справа

perto / longe

близко / далеко

opostos - противоположности

novo / usado

новый / подержанный

nada / algo

ничто / нечто

velho / jovem

старый / молодой

ligado / desligado

включено / выключено

aberto / fechado

открыто / закрыто

baixo / alto

тихо / громко

rico / pobre

богатый / бедный

certo / errado

правильный /
неправильный

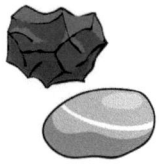

áspero / liso

шероховатый / гладкий

triste / feliz

печальный / счастливый

curto / longo

короткий / длинный

lento / rápido

медленный / быстрый

molhado / seco

мокрый / сухой

ameno / fresco

тёплый / прохладный

guerra / paz

война / мир

0	**1**	**2**
zero	um	dois
ноль	один	два

3	**4**	**5**
três	quatro	cinco
три	четыре	пять

6	**7**	**8**
seis	sete	oito
шесть	семь	восемь

9	**10**	**11**
nove	dez	onze
девять	десять	одиннадцать

12	**13**	**14**
doze	treze	catorze
двенадцать	тринадцать	четырнадцать

15	**16**	**17**
quinze	dezasseis	dezassete
пятнадцать	шестнадцать	семнадцать

18	**19**	**20**
dezoito	dezanove	vinte
восемнадцать	девятнадцать	двадцать

100	**1.000**	**1.000.000**
cem	mil	milhão
сто	тысяча	миллион

inglês

английский

inglês americano

американский английский

chinês mandarim

мандаринский китайский

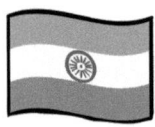

hindi

хинди

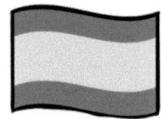

espanhol

испанский

francês

французский

árabe

арабский

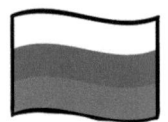

russo

русский

português

португальский

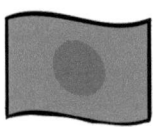

bengalês

бенгальский

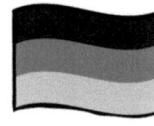

alemão

немецкий

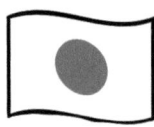

japonês

японский

eu

я

tu

ты

ele / ela

он / она / оно

nós

мы

vós

вы

eles / elas

они

quem?

кто?

o quê?

что?

como?

как?

onde?

где?

quando?

когда?

nome

имя

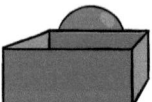

atrás

за

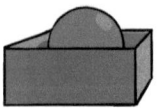

em

в

à frente de

перед

sobre

над

em cima

на

debaixo

под

ao lado

рядом

entre

между

lugar

место